CHINA HYDROGEN ENERGY AND FUEL CELL
INDUSTRY DEVELOPMENT REPORT

2022

中国氢能源及燃料电池产业发展报告

中国氢能源及燃料电池产业创新战略联盟　◎编著

人民日报出版社
北京

图书在版编目（CIP）数据

中国氢能源及燃料电池产业发展报告 . 2022 / 中国
氢能源及燃料电池产业创新战略联盟编著 . -- 北京 : 人
民日报出版社 , 2023.6
　　ISBN 978-7-5115-7885-3

　　Ⅰ . ①中… Ⅱ . ①中… Ⅲ . ①氢能－燃料电池－电气
工业－产业发展－研究报告－中国－ 2022 Ⅳ .
① F426.61

中国国家版本馆 CIP 数据核字 (2023) 第 113346 号

书　　名：**中国氢能源及燃料电池产业发展报告 . 2022**
　　　　　ZHONGGUO QINGNENGYUAN JI
　　　　　RANLIAODIANCHI CHANYE FAZHANBAOGAO. 2022
作　　者：中国氢能源及燃料电池产业创新战略联盟

出 版 人：刘华新
责任编辑：周海燕
装帧设计：元泰书装

出版发行　**人民日报**出版社
社　　址：北京金台西路 2 号
邮政编码：100733
发行热线：(010) 65369509 65369512 65363531 65363528
邮购热线：(010) 65369530 65363527
编辑热线：(010) 65369518
网　　址：www.peopledailypress.com
经　　销：新华书店
印　　刷：三河市嘉科万达彩色印刷有限公司
法律顾问：北京科宇律师事务所 010-83622312

开　　本：787mm×1092mm　　　1/16
字　　数：75 千字
印　　张：3.25
版　　次：2023 年 8 月第 1 版
印　　次：2023 年 8 月第 1 次印刷

书　　号：ISBN 978-7-5115-7885-3
定　　价：98.00 元

前　言

　　2022 年，全球变局与新冠疫情交织震荡，大国战略博弈日趋加剧，地缘冲突形势错综复杂，"能源安全"和"经济安全"成为全球各国关注焦点。在新形势、新要求下，各国持续出台国家氢能战略，完善氢能政策体系，加码支持绿色发展和规模化应用，全球氢能产业尤其是清洁氢能发展步入重要战略机遇期。

　　党的二十大报告明确将确保能源资源安全作为维护国家安全能力的重要内容，统筹加强重点领域安全能力建设，确保能源资源以及产业链供应链安全。坚持"先立后破""有计划分步骤"的工作总基调，推进工业、建筑、交通等领域清洁低碳转型。在《氢能产业发展中长期规划（2021-2035 年）》的科学部署下，中国各省市氢能产业政策体系加快建立落实，全产业链示范应用稳步推进，氢能支撑能源结构转型进入新阶段。

　　在国家能源局科技司指导下，中国氢能联盟研究院组织行业相关机构和专家共同编制《中国氢能源及燃料电池产业发展报告 2022》，聚焦国内、国外两个市场，系统梳理 2022 年全球氢能产业发展动态及趋势，明确中国氢能产业发展面临的新形势、新要求，科学规划、合理布局，助力中国氢能产业加快规模化、一体化、生态化和市场化发展。

目　录

一、2022 年国内外氢能发展形势

（一）世界氢能发展

1. 各国持续发布规划政策，支持和推进力度不断加大

多国持续出台国家氢能发展战略，制定产业发展目标，明晰产业发展路线，以期把握"氢能浪潮"机遇。截至 2022 年底，包括美国、德国、日本在内的共 41 个国家和地区制定发布了国家级氢能发展战略，仅 2022 年，包括中国、南非在内的 13 个国家和地区出台了国家规划。欧美等国在支持氢能产业发展中持续发力，不断追加资金投入，制定了相对差异化的政策措施。美国《降低通货膨胀法案》（征求意见稿）提出将对绿色氢能实行 3 美元 / 千克的税收抵扣，有望大幅提升美国可再生氢市场竞争力；欧盟发布 REPowerEU 计划，至 2030 年前围绕可再生能源以及氢能等领域投资 3,000 亿欧元，并计划建立碳边界调整机制，将氢能纳入征收碳关税的范围，以强化各领域对绿色氢能的应用。

2. 氢气供需规模稳步提升，低碳清洁氢占比持续提高

2022 年，全球氢气需求约 10,500 万吨[①]，工业、炼化占据氢气消费较大比例，分别约 6,500 万吨和 4,000 万吨。全球清洁氢项目密集落地，已投运电解水制氢项目数量及规模持续扩大。截至 2022 年底，项目部署总数达到 277 个，

[①] 本部分世界（除中国）氢气生产、消费、价格和示范项目的数据和信息主要来源于 IEA 等国际机构、行业统计数据以及公开信息资料；中国氢气生产、消费、价格和示范项目数据来源于行业统计，并基于中国行业统计结果对世界范围数据进行修正。

同比增长约 13.5%，总规模达到 585.6 兆瓦，同比增长约 21%；在营项目以碱性电解水制氢和质子交换膜电解水制氢技术路线为主，规模占比分别约 65% 和 32%。亚欧地区仍是清洁氢主导者，持续领跑全球产业发展，欧洲和亚洲部署项目数量占比合计约 82%，2022 年超过 90% 的新增项目都来自亚欧国家。

3. 绿色氢氨贸易相继启动，协同推进国际供应链建设

2022 年，多国相继启动氢基能源跨国贸易示范，着手推动海上运输网络建设，氢基能源发展潜力逐步显现。澳大利亚、沙特阿拉伯和阿联酋等传统能源出口国聚焦能源业务再拓展，加快建设氢基能源的出口渠道，挖掘新兴能源战略潜力。澳大利亚拟投资 1.5 亿澳元推动清洁氢及其衍生品生产和出口供应链建设；埃及政府与多国签署了氢氨贸易项目合作备忘录。德国、日本等传统能源进口国立足能源安全保障需求，注重提升能源品种和供应来源多元化，逐步探索进口氢氨的落地应用，大型石油化工和能源企业为早期推动者和参与者。德国从阿联酋进口的首批低碳氨已完成交付，并将作为工业原料投入生产；日本完成全球首批液氢远洋进口，并用于氢能发电。

4. 重点区域氢价成本差距拉大，欧洲氢价同比大幅增长

2022 年，美国重点地区质子交换膜电解水制氢成本全年均价约 6 美元/公斤，整体小幅上涨；欧洲重点地区质子交换膜电解水制氢成本持续上涨，全年均价约 19 欧元/公斤[①]，较去年均价增长约 125%。受俄乌冲突等事件影响，欧洲天然气等传统能源短缺，年中，欧洲电解水制氢成本达到约 27 欧元/公斤的历史峰值，随后震荡下行，区域氢价差距随制氢运营成本变化而缩小。

5. 氢基能源应用持续推进，聚焦交通和发电领域示范

2022 年，氢基能源在交通与发电领域集中趋势明显。交通领域，氢燃料电池汽车推广示范稳步增长，截至 2022 年底，全球主要国家燃料电池汽车总

---

① 美国、欧洲重点地区的质子交换膜电解水制氢成本数据来源于标普全球普氏能源等国际机构统计测算。

保有量超过 6.7 万辆，同比增长约 36.7%。氢能基础设施持续完善，全球在营加氢站总数量达 829 座，较去年增加约 170 座，同比增长约 25.8%，其中东亚地区加氢站部署全球领先，占比近 70%。甲醇和氨动力船舶成为全球航运领域脱碳的重点技术路线，欧洲为该领域发展的引领者。2022 年，全球替代燃料船舶订单总数为 275 艘[①]，其中甲醇动力船舶为 35 艘，成为继 LNG 后第二大低碳燃料的选择。丹麦和法国船企已分别订造 18 艘和 6 艘甲醇燃料船舶，挪威、芬兰、日本等国相继开展氨动力船舶的设计和制造。发电方面，全球氢能热电联供布局集中在欧美日韩，截至 2022 年底，日本和欧洲已分别安装超 46.5 万和 1 万套燃料电池热电联供系统。多国加快开展掺氢 / 纯氢燃气轮机示范应用，美国完成首次氢气和天然气在部分和全负荷下的 20% 的混合燃料应用验证以及 35% 掺氢燃气轮机发电；中国以 35% 掺烧比例在 40 兆瓦燃煤锅炉上实现了混氨燃烧工业应用。

6. 电解槽装备产能大幅增长，开启自动化与规模化生产

2022 年，在全球清洁氢示范项目加速部署以及核心技术逐步成熟背景下，上游制氢环节成为全球范围内的发展热点，推动电解槽产能和出货量大幅增长。全球主流厂家各类电解槽产能部署超过 15 吉瓦[②]，同比增长超过 80%，中国占比过半；出货量超过 1 吉瓦，同比增长约 120%，其中，碱性电解槽占比超过 70%。多国企业发力电解槽赛道，启动电解槽及其配套零部件全自动化和规模化产线建设。挪威下线全球首个全自动电解槽产线，具备 500 兆瓦产能；美国开建 500 兆瓦质子交换膜电解槽工厂；丹麦拟建产能 500 兆瓦并可扩展至 5 吉瓦的工业规模级固体氧化物电解槽生产工厂。

---

① 数据来源于挪威船级社（DNV）。
② 电解槽产能和出货量由中国氢能联盟研究院综合 IEA、Bloomberg NEF 等国内外有关机构统计数据和国内产业数据梳理汇总。

（二）中国氢能发展

1. 可再生氢产能实现倍增，在三北地区实现密集落地

2022年，中国氢气产能约 4,882 万吨/年[①]，同比增长约 1.2%；产量约 3,533 万吨/年，同比增长约 1.9%。其中，煤制氢产量约 1,985 万吨，占比 56.2%；天然气制氢和工业副产氢产量分别约 750 万吨和 712 万吨。可再生能源制氢项目加速推进，西北、华北地区引领大型可再生氢基地示范工程规划建设。截至 2022 年底，中国已规划超过 300 个可再生能源制氢项目，建成运营项目达到 36 个，累计可再生氢产能约 5.6 万吨/年[②]；新增建成运营可再生氢项目 23 个，新增产能约 3.3 万吨/年，同比增长超过 140%。内蒙古能源局公布 7 个 2022 年度风光制氢一体化示范项目，具备 6.3 万吨/年制氢产能；宁夏规划建设 11 个可再生能源制氢项目，力争 2025 年实现可再生氢生产规模 8 万吨/年。

2. 氢气消费规模再创新高，行业和区域特征明显

从消费行业看，化工与炼化仍然是氢能主要消费领域，消费量约为 2,851 万吨[③]。其中，合成甲醇、合成氨领域的氢气消费量占细分领域前两位，分别约 988 万吨和 973 万吨，分别同比增长 1.6% 和 1.8%；炼化和现代煤化工行业的氢气消费量共计约 890 万吨。交通领域仍处于小规模示范阶段，占比小于 0.1%，主要集中在五大燃料电池汽车示范城市群。从消费地区看，传统重工业地区仍是氢气主要消费地，山东、内蒙古、陕西、山西和宁夏地区的氢气消费量位居前五，分别约 446 万吨、377 万吨、307 万吨、270 万吨和 220 万吨。

3. 氢气价格稳中有降，优势地区可再生氢初具竞争力

根据"中国氢价指数"跟踪统计结果显示，2022 年，生产侧和消费侧指

---

① 中国氢气产能和产量来自氢能产业大数据平台统计。
② 中国可再生氢项目来自氢能产业大数据平台统计，包括建成和运营项目，其中运营 26 个，可再生氢产能超过 3.1 万吨/年。
③ 中国各行业氢消费量来自氢能产业大数据平台统计。

数整体持稳，全国平均水平保持 35 元 / 公斤和 58 元 / 公斤①。重点区域氢价稳中有降，京津冀、长三角以及大湾区全年平均氢价分别为 42 元 / 公斤、57 元 / 公斤和 62 元 / 公斤。除大湾区氢价与 2021 年基本持平外，京津冀及长三角同比下降分别约 17.2%、8.6%。各地围绕电价、项目建设运营等方面加大补贴力度，或通过整合供需资源实现规模化供应，促进消费侧价格的进一步降低。可再生氢相较于化石能源制氢已在局部区域显现一定的替代潜力。2022 年，受化石原料价格攀升影响，中国煤制氢和天然气制氢整体成本约 13 元 / 公斤和 25 元 / 公斤；以鄂尔多斯、宁东为代表的局部资源优势地区的可再生氢评估成本降至约 20 元 / 公斤②，已降至化石能源制氢成本区间内，支撑可再生氢耦合化工等领域试点示范以提升相关技术工艺成熟度。

4. 交通示范保持较高热度，工业、发电领域进度加快

以规模化工业应用推动供应链建设，将成为中国氢能产业发展的重要抓手。2022 年，氢燃料电池汽车加速推广，依托"燃料电池汽车示范城市群"等重大示范项目，中国氢燃料电池汽车销售量新增 3,367 辆，保有量达到 12,682 辆，同比增长约 36%；累计建成加氢站 358 座，同比增长超过 40%。重型交通领域加快试点，大功率氢能动力机车在内蒙古完成试验运行；国内首艘 500 千瓦级内河氢燃料电池动力工作船开建，配套船用制加一体站进入开工筹备阶段。工业领域示范项目陆续开建，能源领域示范成效明显。年产 30 万吨和 18 万吨可再生氨的风光氢氨一体化示范项目分别在蒙西和吉林启动；120 万吨 / 年富氢气体零重整竖炉直接还原氢冶金示范工程一期全线贯通，多个项目配套开展车辆示范。30% 掺氢燃气轮机燃烧在荆门完成改造和

---

① "中国氢价指数"由中国氢能联盟研究院通过对我国氢能全产业链"生产侧"和"消费侧"超 50 个城市、200 个样本点进行统计跟踪，全面、客观、及时地呈现全国及各区域氢能价格变化趋势。

② 通过采集各技术路线下制氢工程造价、装备价格、运行及销售数据以及各地区煤炭、天然气、可再生能源电力等原料价格数据，同时考虑工程建设周期、工程生命周期、单位容量建设期利息、碳排放成本、利用率等重要因素，综合测算评估各技术路线的理论制氢成本。

可靠性验证，纯氢燃气轮机示范项目落地内蒙古通辽。截至 2022 年底，中国累计建成运营发电／热电联产项目达到 55 个，总规模超 12 兆瓦，同比增长 118%。同时，伴随下游工业场景开发，氢能输运基础设施前瞻性布局加速，甘肃首条中长距离输氢管道主线路已全线贯通，宁夏、上海、内蒙古多条输氢管道相继开工建设，以推动供应链快速降本。

5. 氢能关键技术持续迭代，装备制造成本进一步下探

中国部分制氢技术路线达到国际先进水平，电解槽出货量大幅增长。2022 年，中国主流厂家各类电解槽产能超过 8 吉瓦，出货量约 800 兆瓦[①]，同比实现翻番。碱性电解槽成本优势仍然显著，系统价格降至约 1,400 元／千瓦[②]。碱性电解槽 1,000 标方/时产品已实现批量化应用，部分领先产品达 2,000 标方/时及以上。质子交换膜电解槽项目以小型示范为主，自主研发的单槽兆瓦级质子交换膜电解槽在燕山石化成功开车，但系统价格仍高达 10,000 元／千瓦以上，高于国际同类产品价格。氢燃料电池汽车推广聚焦商用车，运输车、自卸车、牵引车等重型商用车装载的氢燃料电池功率以 110 千瓦 –130 千瓦为主，客车、公交车功率以 60 千瓦 –90 千瓦为主[③]。百千瓦级大功率燃料电池取得突破，多个企业已发布的氢燃料电池产品功率超过 200 千瓦，使用寿命大于 20,000 小时，系统成本约 2,000 元／千瓦 –3,000 元／千瓦[④]。

6. 政策和标准体系持续强化，氢能管理规范陆续出台

地方政府围绕项目投资、装备制造、企业引进等方面完善政策体系以引导产业发展。截至 2022 年底，26 个省（区、市）公开发布氢能及燃料电池产业专项政策 316 项，同比增长约 65%，新增政策中明确给予财政补贴的政策占比超过 40%。氢能项目审批流程制度逐步明确。截至 2022 年底，中国

---

① 中国电解槽产能和出货量来自氢能产业大数据平台统计数据以及企业调研数据。
② 碱性和质子交换膜电解系统价格根据相关示范项目实际招投标价格计算得到。
③ 氢燃料电池汽车功率数据来自工信部《新能源汽车推广应用推荐车型目录》。
④ 数据来源于中国氢能联盟研究院组织多个燃料电池企业调研数据汇总。

· 08 ·

38 个地方政府已发布加氢站建设审批规范文件，山东、吉林、广东、上海、唐山等多个省市非化工园区制加项目管控开始放开。氢能标准体系逐步健全。截至 2022 年底，中国已发布氢能相关国家标准 102 项[①]、行业标准 30 项、团体标准 136 项，《加氢机》（GB/T 31138-2022）、《碱性水电解制氢系统"领跑者行动"性能评价导则》（T/CAB 0166-2022）、《液氢用截止阀和止回阀》（T/CAB 0231-2022）、《高压氢气用安全阀》（T/CAB 0229-2022）等标准陆续发布，填补加氢机、碱性电解槽、气氢/液氢管阀件等多个领域空白。

---

① 数据来源于国家标准化管理委员会已批复发布的氢能国家标准。

二、2023 年中国氢能发展面临的新形势新要求

（一）清洁氢发展成全球共识，国际竞合面临新形势

世界主要经济体对于建设安全稳定的绿色能源保障体系形成共识，持续加码清洁氢产业投资与创新。欧洲、日本、美国等发达地区着力布局清洁氢产业，借助可再生能源规模开发利用，降低能源价格波动风险，推动清洁氢技术研发、标准体系和供应链建设，龙头企业加快开展跨国合作投资和项目布局，积极拓展全球业务资源。非洲、拉美等发展中地区依托资源禀赋优势推动清洁氢项目落地，打造新兴产业经济增长点，成为推动国际清洁氢发展的新生力量。在全球清洁氢产业规模化发展的趋势下，各国依托自身产业发展优势，加速全球范围内的要素流动，广泛开展技术、市场、贸易等多方位竞争合作。充分整合国内产业资源和国际市场，引导行业主体深度参与全球清洁氢产业链和供应链建设，保障国家的竞争力和话语权是中国氢能发展面临的新形势。

（二）技术装备短板风险尚存，产业安全面临新挑战

中国氢能产业装备自主化发展迅速，但在氢液化、储氢容器、燃料电池等关键技术和零部件方面仍存在一定短板。质子交换膜、膜电极、贵金属（铂、铱）催化剂等原材料受制于制备工艺复杂、技术难度高以及资源稀缺等因素的影响，自主化产品面临产能规模不足、产品性能亟待提升的问题。加氢枪套管材料、氢密封材料、低温金属材料、高效冷绝缘材料、高强度碳纤维、

碳纸以及碳纤维缠绕技术等多种基础原材料和制造工艺国内尚处于技术引进和研发阶段。燃氢轮机等前瞻性技术的核心设计、部件制造、控制系统等方面尚未实现自主化。同时，国际竞争、技术封锁以及贸易管控等对进口渠道的稳定性、可控性和安全性带来潜在风险。加强以大项目建设带动科技创新和新技术推广，通过市场主体的协同合作，集中力量突破氢能产业链技术及装备瓶颈，保障产业链和供应链关键技术和装备自主可控，是中国氢能发展面临的新挑战。

（三）标准和测评体系滞后，市场化推广面临新任务

中国当前氢能装备市场中各主体产品性能指标参差不齐，缺乏第三方视角准确、公正的检测评价体系。行业层面对于各技术路线发展、各企业产品规划布局尚缺乏有效统计、分析和发布，导致研发相对滞后于市场需求。同时，氢能在新型电力系统中作为长时储能手段以及在工业领域大规模替代化石能源等也都需建立完善氢能及相关装备标准化检测体系加以支撑。虽然中国当前已发布的氢能行业国家标准已过百项，但相比于氢能产业化发展所需要的完善体系仍有较大缺口，"技术引导标准，标准规范技术"的循环格局尚未形成。加快建立完善氢能标准及检测评价体系，推动氢能产品与技术的更新迭代，完善产业发展环境是中国氢能发展面临的新任务。

（四）经济性不足制约项目启动，示范部署面临新要求

内蒙古、宁夏、吉林等可再生资源富集地区对可再生能源制氢以及合成氨、甲醇等载体热情高涨，前瞻性示范项目布局显著提速，相关规划项目持续发布，以期抢占产业发展先机。但从整体氢氨醇产业发展形势看，部分地方项目建设重复苗头显现，项目规划数量多、雷同多、耦合性不足。当前，可再生氢氨较传统产品生产和应用成本高，下游消费市场积极性和竞争力较

低，产品消纳渠道和方向尚不明确，导致规划项目实际建设进展缓慢，已建成的项目也存在运行质量不高的问题，产业化发展质量有待提高。统筹资源和产业布局，加强可再生氢氨醇项目一体化、差异化、精准化部署，并有序推动工程化示范，找到绿色氢氨醇产业可行的盈利路径，是中国氢能发展面临的新要求。

三、2023 年中国氢能产业建设重点方向

2023 年，为深入贯彻落实党的二十大要求，全面推进新型能源体系建设，氢能产业要在顶层设计指导下，统筹产学研用资源，加快科技自立自强和重点场景示范应用，持续完善氢能产业政策体制和发展环境，建立健全氢能公共服务体系，统筹谋划供应链基础设施，适度超前开展试点示范，聚焦安全稳定有序发展，推动氢能应用成本快速下降。

（一）广泛开展国内外交流沟通，探索清洁氢国际合作新模式新业态，保障产业竞争优势

欧盟、美国、日本等国已全面推进清洁能源未来发展战略，加快部署清洁氢能产业体系。我国应在"四个革命、一个合作"能源安全新战略指导下，依托在场景开发、示范规模和商业化探索等方面的广泛部署，以新模式、新业态开展与重要国家和地区之间的交流合作，联合国际龙头企业推动国内和海外布局，共同打造国际清洁氢供应链。依托国际示范项目引领，在清洁氢能关键技术创新、产业链合作、国际标准制定、氢基能源贸易等方面制定系统合作框架，探索多元化合作模式，在可再生能源高效制氢、氢气液化、氢燃料电池等关键领域加大布局力度，持续引领国内技术和产业龙头拓展国际市场，提升中国氢能产业的国际竞争力。

（二）建立"揭榜挂帅""赛马争先"等机制，聚焦产业链重点环节，加强关键技术攻关力度

通过"揭榜挂帅"和"赛马争先"等激励机制推动企业聚焦大规模电解水制氢、低温液氢、柔性可再生氢合成氨（甲醇）、高比例煤掺氨等关键技术工艺以及质子交换膜、碳纤维缠绕以及瓶口组合阀等核心器件领域的研发和突破，构建政产学研用一体化的攻关组织模式，并推动相关技术在示范工程中的先行先试，实现关键技术与装备的批量化验证。以强化短板技术攻关和前瞻性技术创新为双抓手，通过集中攻关一批，试点示范一批，应用推广一批，推动创新链与产业链协同发展。支持氢能关键装备、氢安全、氢检测等领域国家氢能创新平台、全国重点实验室、工程技术中心、创新协同中心建设，引导能源、制造等骨干企业牵头打造创新联合体，加快推进高水平科技自立自强。

（三）打造氢能产品质量化保障体系，完善装备及品质检测，支撑产业市场化发展

以氢能标准制定和检测认证为抓手，积极打造氢能质量保障体系。标准制定方面，对标国际氢能相关标准制修订工作，梳理中国氢能产业标准体系缺口，联合多方行业主体开展相关氢能标准制修订，构建面向氢电耦合、绿氢化工、氢冶金等多元应用场景的标准体系；重视参与国际标准的制修订，积极、实质地申请参与 ISO、IEC 等国际标准化组织的工作和活动，将中国的技术和标准与国际接轨。检测认证方面，加快推动氢能"领跑者"行动实施，围绕电解槽、燃料电池等氢能重点装备、氢气品质等方面推动检测认证技术研发，建立基于核心装备、关键材料、工艺的国家级氢能关键装备检测实证基地，形成完善的氢能技术装备检测认证体系、全周期氢气品质管控体系，贯通基础前瞻、共性关键、工程应用和检测评估环节，实现氢能标准治

理和创新迭代协同，进一步夯实氢能市场化发展的质量基础。

（四）安全、有序推动氢能工程示范，统筹谋划供应链基础设施建设，降低产业发展成本

在保障氢能产业链和供应链安全、稳定、有序发展的重要前提下，围绕可再生氢耦合煤化工、氢电融合等领域部署一批"可再生能源制氢＋储运＋综合应用"全链条重大工程示范，以解决上下游联动不足、消纳场景不明确等问题，探索市场化运作商业模式。借鉴欧美等国发展经验，围绕电价等方面制定补贴政策，降低可再生能源制氢项目运营成本。同时，着眼未来发展需求，超前探索"沙戈荒"和"深远海"等场景可再生能源制氢示范布局，推动"百站万辆"和"氢能高速"等交通应用场景部署，结合能源基地绿色转型需求探索煤掺氨、掺氢／燃氢轮机发电等先行示范。依托项目布局推动氢气管网、氢液化设施以及高速、国道等重点区域加氢站建设，并从能源监管角度明确基础设施审批管理制度，持续优化基础设施网络布局，提高设施应用的便利性，降低氢能供应链成本。在示范过程中应加强电解水制氢、氢液化、管道输送等环节的安全监测和管控，加大从业人员氢安全普及与培训力度。

四、2023 年中国氢能产业发展展望

2023 年是全面贯彻落实党的二十大精神开局之年，是扎实推进中国式现代化的关键之年。氢能产业创新资源进一步集聚，以产业链规模化建设和重大项目示范推广为目标，氢能产业将逐步打造成推进中国式现代化建设、助力双碳目标实现的重要抓手。

（一）供需预测

氢能在交通、贸易等增量空间将不断渗透，预计 2023 年氢气消费总量增速稳中有升，约达到 3,600 万吨。可再生能源制氢示范项目持续投运，累计年产能将突破 15 万吨规模。氢燃料电池汽车交通示范场景不断增多，需求将进一步释放。东部地区重点在冷链、环卫、乘用车等领域突破，西部地区则实现重卡应用部署，非燃料电池示范城市群地区车辆落地、副产氢丰富区域热电联供示范或将成为市场重要增量。预计 2023 年燃料电池汽车销量约 6,000 辆，加氢站保有量约 500 座左右，新增燃料电池装机 700 兆瓦左右。

（二）技术创新

2023 年，电解槽产品将保持快速迭代，1,000 标方 / 小时以上碱性电解槽和兆瓦级质子交换膜电解槽产品将成为主流，自主化千瓦级固体氧化物电解槽产品将投入市场。在氢气降本和资源匹配需求驱动之下，管网和液氢等规模化储运环节核心技术加速突破，百公里以下纯氢和掺氢管道建设和验证加速；氢液化装备单套容量倍速提升，预计具备超过 10 吨 / 天的液氢生产能力，加速成本下降。以燃料电池、燃氢轮机为代表的终端应用设备性能将稳定提升。重载车用燃料电池系统主流产品功率将超过 240 千瓦，基本可覆盖全场景应用需求，产品销售价格有望下降 20% 左右。中型燃氢轮机技术突破有望加快氢电耦合项目示范部署。

（三）产业布局

2023 年，环渤海、大湾区和长三角等燃料电池汽车示范城市群城市依托氢能及燃料电池装备产业集聚、氢能消费中心、政策机制创新优势，在氢能技术创新和新型应用场景保持全国领跑。示范城市群氢燃料电池汽车保有量有望突破万辆，建成运营加氢站超过 230 座，同时持续推动多元场景耦合交通、储能等项目建成投产，强化区域产业技术优势。西北、华北等地区将持续推进"可再生氢基地"建设，以内蒙古、宁夏、甘肃、吉林等为代表的可再生能源资源富集区域将持续推动大型"风光氢储一体化""源网荷储一体化"项目落地，以制氢成本的进一步下探带动区域传统氢能应用领域绿色替代和氢储能 / 氢发电场景突破，促进下游交通、化工、冶金、储能等领域价值挖掘，吸引氢能相关装备企业落地。

（四）标准体系

2023 年，随着质子交换膜电解水制氢、固体氧化物电解水制氢等多种制氢技术路线的示范应用，在制氢技术要求及条件、能效限定值及等级方面的标准将逐步完善；天然气掺氢、液氢储运等场景技术标准有望加快规范；加氢站设施设备在 70 兆帕、液氢、制加一体站等细分场景的管理标准有望进一步完善。根据工信部关于燃料电池汽车标准的制修订工作要求，燃料电池汽车将推动燃料电池汽车低温冷启动及最高速度等国际标准立项，深度参与相关技术的国际标准制定。氢能的市场化提速将推动氢质量和氢检测认证等公共服务以及氢安全方面标准的制定，依托"氢能领跑者行动"，预计氢能产业链关键技术与装备检测认证技术规范加快出台，逐渐向关键零部件延伸；产业链各环节氢系统的渗漏与泄漏、氢腐蚀与氢脆、氢燃料与爆炸等安全保障标准，质子交换膜燃料电池用氢气品质检测等行业标准有望完善及立项。

结束语

2022 年是乘势而上开启全面建设社会主义现代化国家新征程的关键之年。中国氢能产业发展形态和发展路径进一步清晰，逐步进入可持续健康发展通道。在党中央、国务院的决策部署下，依据党的二十大报告中对碳达峰、碳中和的最新工作部署，相关单位立足能源消耗总量和强度调控，不断推动能源清洁低碳高效利用，加快规划建设新型能源体系，完善能源产供储销体系，确保能源安全。

2023 年，中国氢能产业将加快构建新发展格局。

坚持创新引领，自立自强原则，加快氢能创新体系建设，突破氢能产业技术短板，推动产品创新、应用创新和商业模式创新，增强产业链供应链稳定性和竞争力。坚持安全为先，低碳清洁原则，建立健全氢能安全监管制度和标准规范，推动可再生氢大基地建设，推动能源、交通、化工多元示范综合应用，确保氢能利用安全可控。坚持稳慎应用，统筹协同原则，充分发挥省级政府积极性，突出企业主体地位，加强产学研用深度融合，打造区域化特色氢能产业集群积极参与全球氢能技术和产业创新合作。

《中国氢能源及燃料电池产业发展报告》已连续发布 4 年，期待本报告的发布能进一步推动社会各界积极参与氢能未来发展。诚挚感谢各相关部门、研究机构、行业组织、企业、国际机构及众多专家的大力支持和帮助。

2022 年氢能大事记

一、国际政策篇

1. 美国能源部发布《国家清洁氢战略与路线图》（草案）

9 月 22 日，美国能源部发布《国家清洁氢战略与路线图》（草案）。该路线图全面概述美国氢气生产、储运和应用的潜力，阐述清洁氢将如何助力美国脱碳和经济发展目标。美国能源部目标是将清洁氢的生产增加到 2030 年的 1,000 万公吨／年，2040 年 2,000 万公吨／年，2050 年 3,000 万公吨／年；清洁氢成本降至 1 美元／公斤。美国能源部预计，在所有氢气都是清洁生产的情况下，美国的温室气体排放总量可以比 2005 年减少约 10%。

2. 西班牙、法国、葡萄牙联合建设欧盟首个绿氢走廊

12 月 9 日，西班牙、法国和葡萄牙在欧盟地中海国家集团领导人会议上宣布将启动欧盟首条 H2MED 绿氢输送走廊项目。该项目包括陆上和海上两条绿氢输送管道，陆上部分全长 248 公里，修建费用约 3.5 亿欧元；海上部分全长 455 公里，修建费用约 25 亿欧元。项目预计于 2030 年前投运，每年可输送 200 万吨绿氢。

3. 欧盟提出 REPowerEU 计划促进氢能发展

5 月 18 日，欧盟委员会公布新版《欧洲廉价、安全、可持续能源联合行动方案》（REPowerEU），拟启动 2,100 亿欧元从能源供应多样化、节约能源和加速清洁能源发展 3 个方面应对当前复杂形势给全球能源市场带来的影响。

氢能方面，文件提出，到 2025 年部署 17.5 吉瓦电解槽，到 2030 年实现国内生产 1,000 万吨及从国外进口 1,000 万吨可再生氢的目标，以取代难以减排的工业、运输部门等所使用的天然气、煤炭和石油；拟制定全新的监管框架，发布两项关于可再生氢定义和生产的授权法案，推出差价碳合同支持绿氢在工业领域应用；强调加强能源外交，拟在地中海和北海开发氢走廊，为未来电力及可再生氢贸易铺平道路。

4. 日本 NEDO 发布《燃料电池重型交通技术路线图》

3 月 18 日，日本新能源产业技术综合开发机构（NEDO）发布《燃料电池重型交通（HDV）技术路线图》。路线图描述燃料电池重型交通推广应用现状，制定到 2030 年和 2040 年的具体目标以及技术开发课题。路线图为产业、学术研究机构等提供技术攻关方向，将加速燃料电池重型交通的高效研发。

5. 阿曼拟投资 1,400 亿美元发展绿氢产业

10 月 23 日，阿曼苏丹国能源和矿产部宣布，计划投资 1,400 亿美元推进绿氢产业发展，打造低碳能源体系。预计 2030 年绿氢年产量达到 100 万吨，成为全球最大的绿氢生产国和出口国之一。

二、国内政策篇

1. 国家发改委、国家能源局发布《氢能产业发展中长期规划（2021-2035 年）》

3 月 23 日，国家发改委、国家能源局发布《氢能产业发展中长期规划（2021-2035 年）》。规划正式将氢纳入国家能源体系，从"未来国家能源体系的重要组成部分、是用能终端实现绿色低碳转型的重要载体和战略性新兴产业重点发展方向"进行定位，并提出了氢能产业发展的基本原则，部署了推动氢能产业高质量发展的重要举措。

2. 国家重点研发计划"氢能技术"重点专项 2022 年度拟立项项目公示

12 月 1 日,国家科技部发布《关于国家重点研发计划"氢能技术"重点专项 2022 年度项目安排公示的通知》。"氢能技术"专项共 24 项,分为氢能绿色制取与规模转存体系、氢能安全存储与快速输配体系、氢能便捷改质与高效动力、"氢进万家"综合示范四大方向,包括国家能源集团等 7 个联盟成员单位上榜。

3. 教育部本科新增"氢能科学与工程"专业

2 月 24 日,中华人民共和国教育部发布《关于公布 2021 年度普通高等学校本科专业备案和审批结果的通知》,本科新增"氢能科学与工程"专业,属工学能源动力类,修业年限为四年,华北电力大学增设了该专业。2022 年 9 月正式招生,首次入学人数达到 90 人。后续将开设氢能科学与工程硕士和博士专业,未来将实现本硕博贯通班培养模式。

4. 国家发改委、国家能源局印发《"十四五"新型储能发展实施方案》

2 月 10 日,国家发展改革委、国家能源局印发《"十四五"新型储能发展实施方案》。文件提出,到 2025 年,新型储能由商业化初期步入规模化发展阶段、具备大规模商业化应用条件,氢储能等长时间尺度储能技术取得突破。要强化技术攻关,构建新型储能创新体系;开展氢(氨)储能等关键核心技术、装备和集成优化设计研究;并将氢(氨)储能列入"十四五"新型储能核心技术装备攻关重点方向、"十四五"新型储能标准体系重点方向以及"十四五"新型储能技术试点示范。

5. 国家发改委等四部委联合发布《高耗能行业重点领域节能降碳改造升级实施指南(2022 年版)》

2 月 3 日,国家发改委、工信部、生态环境部、国家能源局联合发布《高耗能行业重点领域节能降碳改造升级实施指南(2022 年版)》,对炼油等 17 大行业提出能降碳改造升级实施指南。其中,鼓励推动绿氢与煤化工项目耦合、氢冶炼等前沿技术开发应用；提高绿色氢能煅烧水泥熟料关键技术；优化合成氨原料结构，增加绿氢原料比例；加强储氢燃料电池发电集成装置研发和应用，探索氯碱—氢能—绿电自用新模式；发挥焦炉煤气富氢特性，有序推进氢能发展利用。

三、技术示范篇

1. 国家能源集团"大规模风/光互补制氢关键技术研究与示范"项目通过国家验收

12月25日，国家能源集团牵头承担的国家重点研发计划专项"大规模风/光互补制氢关键技术研究及示范"项目顺利通过验收。项目突破"宽波动电解制氢、低压大电流直流变换、快速加氢及多能源监控保护"等多项关键技术，开发了单台产氢量1200标方/时电解槽、5.7兆瓦DC-DC直流制氢电源、70兆帕移动加氢站等一系列重要装备，建成8兆瓦风光耦合可再生能源制氢加氢示范工程。

2. 中国船舶单台2,000标方/时碱性水电解制氢设备下线

12月16日，中船（邯郸）派瑞氢能科技公司单台2,000标方/时碱性水电解制氢设备下线。该设备由中船自主研发，突破高电流密度、宽可调范围、低运行能耗、高稳定性等多项关键技术，电解槽单槽产氢量为2,000标方/时并可扩容至3,000标方/时，运行电流密度提升30%，电解槽槽体重量降低40%，整套制氢系统具备10%-120%的动态调节能力，系统能耗达国标一级能效标准，运营成本降低30%。

3. 中国石化兆瓦级自主PEM电解水制氢装置投运

12月10日，中国石化兆瓦级质子交换膜（PEM）电解水制氢装置在燕山石化投运。项目采取集成设计、一体成撬设计理念，开发并建造了单槽兆瓦级PEM电解水制氢装置，核心设备电解槽采用石科院自主开发的高性能阴、

阳极催化剂和大尺寸均一膜电极，最大产氢量达 250 标方 / 小时，功率调节范围 5%-125%，产氢压力达 3 兆帕，氢气纯度 99.999%。

4. 东方电气联合深圳大学、四川大学等推进海水制氢发展

12 月 16 日，东方电气股份有限公司与深圳大学、四川大学、东方电气（福建）创新研究院有限公司签署"海水无淡化原位直接电解制氢原创技术中试和产业化推广应用"四方合作协议。根据协议，东方电气集团专项投入 3,000 万元用于"海水无淡化原位直接电解制氢技术"前期研发经费，并获得该技术专利及相关资料的知识产权，同时牵头组建四方合作联盟开展该技术的中试、示范、技术迭代升级以及产业化。

5. 氢储科技首条镁基固态储氢装置生产线投产测试

4 月 11 日，氢储（新乡）能源科技有限公司首条镁基固态储氢装置生产线建成投产测试。该项目计划建设 6 条镁基固态储氢设备、储氢装置生产线，全部达产后，可年产镁基固态储氢设备约 720 套。

四、标准规范篇

1. 国家市场监管总局等九部门发布《建立健全碳达峰碳中和标准计量体系实施方案》

10 月 31 日，国家市场监督管理总局、发改委、工信部等九部门联合发布《建立健全碳达峰碳中和标准计量体系实施方案》。文件提出，建立覆盖制储输用等各环节的氢能标准体系，开展氢燃料品质和氢能检测及评价等基础通用标准制修订，做好氢能风险评价、氢密封、临氢材料等氢安全标准研制，推进可再生能源水电解制氢等绿氢制备标准制定，开展高压气态储氢和固态储氢系统、液氢储存容器等氢储存标准研制，推动管道输氢（掺氢）、中长距离运氢技术和装备等氢输运标准制定，完善加氢机、加注协议、加氢站用氢

气阀门、氢气压缩机等氢加注标准，研制相关的标准样品；制定氢气竖炉直接还原、氢气熔融还原、富氢高炉、氧气高炉、电弧炉短流程炼钢、转底炉法金属化球团、薄板坯连铸连轧技术等标准；开展液态氢、天然气（含液化天然气）、高含氢天然气体积和热值及高压氢气品质计量测试技术研究；制定太阳能、风能、氢能等能源利用相关计量技术规范。

2.《加氢机》国家标准发布实施

10 月 12 日，国家市场监督管理总局、国家标准化管理委员会正式批准发布了 GB/T 31138-2022《加氢机》国家标准。该标准由全国氢能标准化技术委员会提出并归口，国家能源集团北京低碳清洁能源研究院牵头，中国标准化研究院等单位共同起草。该标准规定了加氢机的技术要求、试验方法、标志、包装、运输和贮存、安装、维护的要求，适用于氢能汽车加氢设施用公称工作压力不大于 70 兆帕的加氢机，氢能船舶、有轨电车、飞行器、工程车辆、发电装置等的加氢设施也可参照该标准。

3. 住房和城乡建设部就《氢气站设计标准》征求意见

11 月 1 日，国家住房和城乡建设部就《氢气站设计标准》征求意见。该文件由中国电子工程设计院有限公司会同有关单位，在原《氢气站设计规范》（GB50177-2005）基础上修订而成，适用于新建、改建、扩建的加氢站、供氢站和氢输送管道的设计。标准共 12 章和 5 个附录，主要内容包括总则、术语、总图布置、工艺系统、设备选择、工艺布置、建筑结构、电气及仪表控制、防雷、防静电、给水排水及消防、采暖通风和氢管道等。

4. 中国氢能联盟领跑者行动碱性水电解制氢系统评价标准发布

9 月 21 日，由中国氢能联盟研究院发起，国家能源集团、中船集团第七一八研究所、中科院大连化物所、清华大学、华北电力大学等十四家单位起草的《碱性水电解制氢系统"领跑者"性能评价导则》团体标准正式发布。该标准规定了碱性水电解制氢系统的评价指标体系、综合评价方法与等级划分、评价模式、评测流程和测试方法，涵盖气密性、泄漏量、额定氢气产量、氢气纯度、静态试验测试等基础指标和电解制氢能耗、电流密度等核心指标。通过实测数据综合计算得分并定级，构建了碱性水电解制氢系统的多维度整体评价性能，实现国内水电解制氢系统在统一评价体系的性能测评，有助于引导可再生能源制氢装备健康有序发展。

5. 中国节能协会发布《氢气中含硫化合物、甲醛和有机卤化物的测定预浓缩气相色谱 – 硫化学发光和质谱法》等 8 项氢能检测团体标准

8 月 31 日，中国节能协会 8 项氢能检测团体标准开始实施，包括《氢气中氦、氩、氮和烃类的测定 气相色谱 - 热导和火焰离子化检测器法》、《氢气中含硫化合物、甲醛和有机卤化物的测定 预浓缩气相色谱 - 硫化学发光和质谱法》、《氢气中一氧化碳、二氧化碳的测定 气相色谱 - 氦离子化检测器法》、《燃料电池高压氢气及相关原料气采样规程》、《氢气中卤化物、甲酸的测定 离子色谱法》、《氢气中痕量气态物质的测定 傅里叶变换红外光谱法（FTIR）》、《氢气中氨的测定 光腔衰荡光谱法》、《质子交换膜燃料电池用燃料氢质量保证指南 - 快速检测方法指引》。

6. 中国工业气体工业协会发布《加氢站用隔膜压缩机安全使用技术规范》等 9 项团体标准

3 月 1 日，中国工业气体工业协会 9 项氢能产业相关团体标准开始实施，包括：《液氢杜瓦安全技术规范》、《液氢加注机安全使用技术规范》、《车载液氢系统安全技术规范》、《车载氢系统安全技术规范》、《车用压缩氢气塑料内胆碳纤维全缠绕气瓶安全使用技术规范》、《加氢机安全使用技术规范》、《加氢站用液驱活塞氢气压缩机安全使用技术规范》、《加氢站用隔膜压缩机安全使用技术规范》、《氢气长管拖车安全使用技术规范》。其中，《加氢站用隔膜压缩机安全使用技术规范》是中国首次发布实施的氢气隔膜压缩机的安全技术规范，对氢气隔膜式压缩机设计、制造、安装及使用方面的安全提出了具体要求。